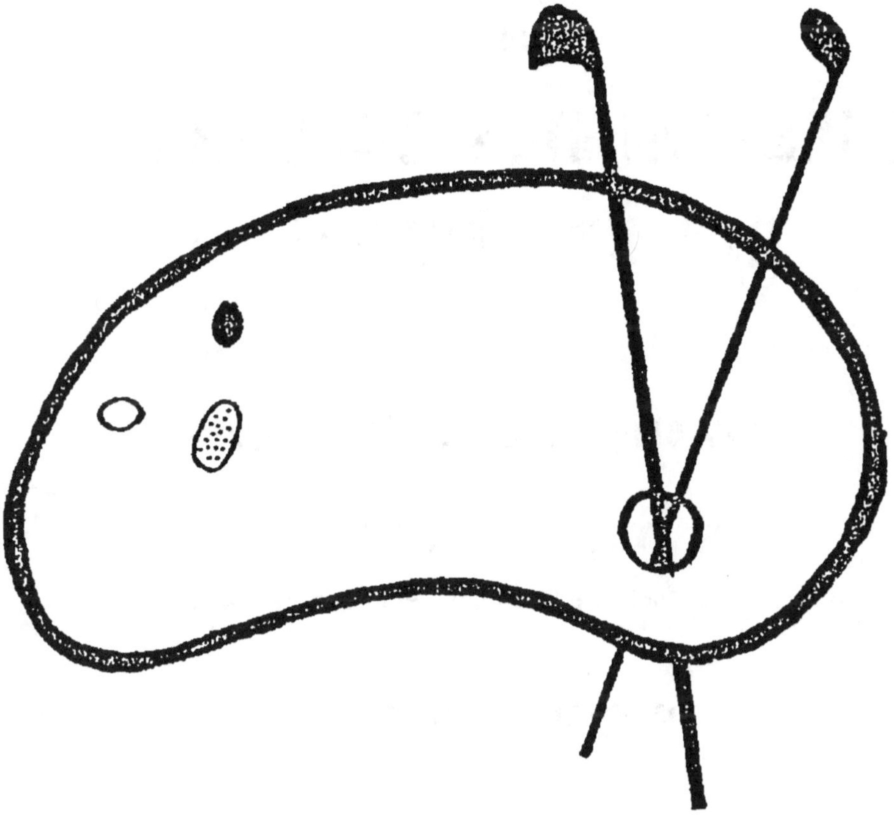

DEBUT D'UNE SERIE DE DOCUMENTS
EN COULEUR

LA
QUESTION DES BALCANS
DEVANT L'EUROPE

Vues Historiques et Diplomatiques

PAR

A. Augustin REY

Membre de la Société d'Economie Politique de Paris

DEUXIÈME PARTIE

SEPTIÈME ÉDITION

JULES MEYNIAL
LIBRAIRE
30, boulevard Haussmann
PARIS

1916

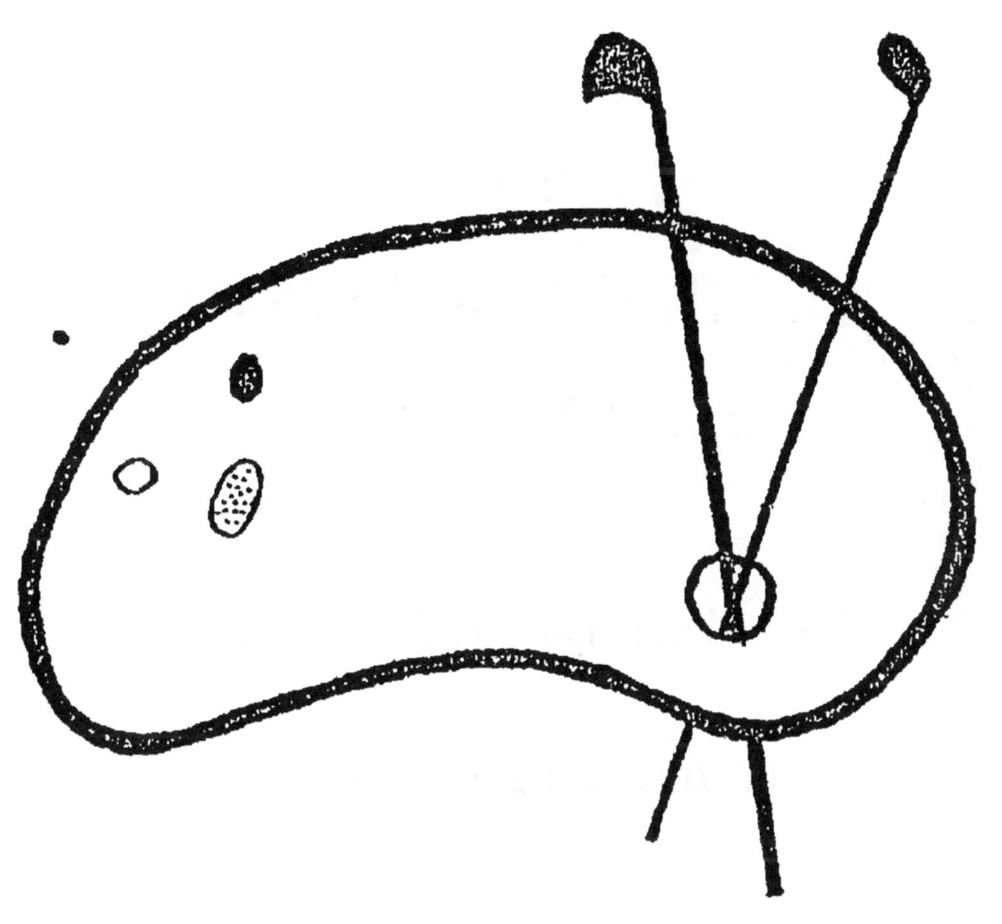

FIN D'UNE SERIE DE DOCUMENTS
EN COULEUR

LA
QUESTION DES BALCANS
DEVANT L'EUROPE

Vues Historiques et Diplomatiques

PAR

A. Augustin REY

Membre de la Société d'Economie Politique
de Paris

II

SEPTIÈME ÉDITION

PARIS
Chez l'Auteur

—

1916

I

La Presqu'île des Balcans
et les Iougoslaves

II

La Serbie devant l'Europe
et son Histoire

III

Le Montenegro devant l'Europe
et son Histoire

IV

L'œuvre civilisatrice des Balcans
dans l'Avenir.
La mission des Iougoslaves

———

LA PRESQU'ILE DES BALCANS ET LES IOUGOSLAVES

Essayer de pénétrer la mentalité Iougoslave, c'est l'aimer ; la comprendre, c'est l'admirer.

Cette race est destinée à avoir dans les Balcans une influence sociale considérable. Chez elle, le sentiment profond de la solidarité est le fond même de sa nature, il est inné ; il n'est pas appris. La grande famille des Slaves du Sud a tant souffert qu'elle comprend toutes les souffrances qu'elle lit à travers toutes les âmes. Sa mentalité est capable d'atteindre les plus hauts sommets.

Les Iougoslaves comprennent les Serbes, les Croates, les Slovènes. Ils forment un groupe compact uni profondément par le sang, la langue, les traditions, les conditions géographiques et économiques.

Dans les Royaumes libres de Serbie et du Montenegro ils forment un groupe de cinq millions d'habitants.

En Autriche-Hongrie ils sont plus de sept millions d'habitants.

Sous la domination autrichienne ils sont dans la Styrie du Sud 410,000, — en Carinthie méridionale 120,000, — en Carniole 490,000, — en

Gorica-Gradisca 155,000, — à Trieste 70,000, — en Istrie 225,000, — en Dalmatie 610,000, — soit au total sous la domination de l'Empereur d'Autriche 2,100,000.

Sous la domination Hongroise ils sont en Croatie-Slavonie 2,300,000, — au sud et au sud-ouest de la Hongrie 900,000, — soit au total sous la domination du Roi de Hongrie 3,200,000.

En Bosnie-Herzegovine enfin on compte 1,900,000 Iougoslaves.

On sait qu'aux Etats-Unis ils sont au nombre de un million et dans l'Amérique du Sud et les colonies anglaises plus de 500,000.

La grande race Iougoslave comprend donc actuellement en Europe plus de douze millions de représentants qui ont plus souffert pour leur idéal qu'aucune race en Europe.

✳

Pour que les trésors contenus dans ces âmes restées jeunes et enthousiastes puissent se répandre sans réserve et, comme baignées d'un idéal digne des temps nouveaux, il faut que cette race soit enfin libérée de tout joug étranger, il faut qu'elle s'appartienne politiquement. Aucune puissance étrangère ne doit plus rompre son élan, étouffer sa civilisation qui ne demande qu'à bercer de ses vieux chants nationaux leurs pays dévastés et meurtris.

Parmi les peuples du Vieux Continent, les Slaves du Sud ont un sens pénétrant des réalités démocratiques. Chez eux pourront s'épanouir les fleurs les plus belles du slavisme, nées de cette abnégation merveilleuse qui domine la vraie pensée slave, pensée libérée de toute contrainte, lorsqu'elle a à sa portée un terrain propice à son éclosion. L'émancipation des Iougoslaves peut réserver à l'Europe Orientale les plus belles moissons.

Si l'Europe voulait continuer à pratiquer la politique opportuniste du « sacro égoïsme », le raisonnement serait tout autre. Mais si l'Europe le voulait, malgré tout, la France ne la suivrait pas. Le peuple Iougoslave regarde la pensée française comme son initiatrice, la France comme sa seconde patrie. Au VIIe siècle déjà, n'est-ce pas un apôtre du diocèse de Poitiers, Emméram, qui partait pour le bas Danube prêcher le christianisme aux Serbes d'alors !

Il est dans l'intérêt de la grande civilisatrice, la France, d'exiger l'indépendance politique définitive de tous les Iougoslaves et de s'en faire à tous les points de vue de fidèles alliés.

Les Iougoslaves ne trahiraient pas notre confiance, ils nous resteraient attachés à la vie, à la mort, car ils ne baseront jamais leur politique exclusivement sur des intérêts matériels, mais avant tout sur les affinités de sentiments qui en feront, dans l'Europe Orientale, les collaborateurs de notre civilisation.

*

Si dans la solution de la question Iougoslave nous sommes partisans de grouper cette race en trois Etats distincts : Confédération d'Illyrie, Grande Serbie, Montenegro, — la Macédoine et la Bulgarie ne sont qu'à moitié iougoslave et doivent entrer dans une Confédération, — notre but est de donner une satisfaction à leur voisine l'Italie, à laquelle la création d'un seul grand Etat Serbe pourrait porter inutilement ombrage.

Une race de haute puissance morale peut puiser toujours dans son sein une force qui pousse à des actes sublimes ; c'est l'intérêt de la race iougoslave à incliner son héroïque pléiade de patriotes à écouter les conseils sages et désintéressés qui lui sont ici donnés.

D'autre part, la France et l'Angleterre commettraient une grande erreur politique de pousser leur désintéressement et leur italophilie jusqu'à l'abandon des intérêts vitaux de leurs peuples ; l'Adriatique ne doit pas devenir dans l'intérêt même de la paix des puissances méditerranéennes une mer italienne.

Ce serait un danger pour les colonies nord-africaines. L'Adriatique, « lac italien », mer fermée au Canal d'Otrante par des barrages fortifiés, deviendrait rapidement comme un vaste port de guerre inexpugnable, une menace perpétuelle pour la paix mondiale, un défi lancé au développement normal des Etats slaves du Sud et à leur civilisation pacifique. On sait ce qu'a coûté à l'Europe de luttes sanglantes et perpétuellement renouvelées de voir dans les mains des Turcs les Dardanelles et le Bosphore !

*

Recherchons brièvement à déterminer les sources de la psychologie Iougoslave.

Les origines de leur littérature remontent au IXe siècle, à l'époque où les apôtres Cyrille et Méthode traduisent, après avoir inventé l'alphabet d'où dérivent les écritures serbe et russe, les premiers livres lithurgiques en langue ancienne slave.

Chez les Slovènes, les premiers ouvrages littéraires datent du Xe siècle, chez les Serbo-Croates du XIIe. Jusqu'à l'effondrement de

Kossovo, la Grande Serbie sut s'assimiler la civilisation byzantine, berceau de la civilisation occidentale. En contact direct avec ce foyer de culture, il est naturel qu'elle soit devenue à son tour un centre intellectuel de premier ordre. La Serbie de Douchan était au Moyen-Age à la tête de la civilisation balcanique.

Les Turcs, ce peuple destructeur par excellence, devaient, à la chute de ce grand Empire Serbe, dévaster les trésors d'architecture, d'art et de littérature serbe, et effacer jusqu'aux preuves matérielles cette éclosion superbe.

Mais ce qu'ils ne parvinrent jamais à dompter, c'est l'esprit de cette race. Aujourd'hui, il suffit de considérer les productions de leur élite pour se rendre compte que les Iougoslaves, qui sortent en apparence d'un long sommeil, sont capables de reprendre la tradition des ancêtres. D'un bond, ils occuperont à nouveau leur place.

Les Slaves du Sud font un peu songer aux Japonais de 1850 qui, en un demi-siècle, sont devenus une grande puissance. Il est vrai que loin de l'hypocrisie pacifique de la politique européenne, ils ont pu s'organiser sans être inquiétés. Les Japonais n'ont pas eu à lutter contre les visées d'écrasement de peuples de proie, ne songeant qu'à asservir à leur domination abjecte des nationalités avides de liberté et dignes d'en jouir sans contrôle extérieur.

✻

Après Kossovo, les Slaves du Sud tombèrent dans l'esclavage. Ceux soumis aux Austro-Hongrois n'étaient guère plus privilégiés que ceux courbés sous la barbarie des Turcs. Pendant les siècles tragiques de leur histoire, ils développèrent au suprême degré leur mentalité généreuse, leur culte pour la solidarité et la fraternité entre leurs frères.

Asservis successivement aux Germains, aux Madgyars, aux Turcs, races esclavagistes, égoïstes, matérialistes, ils puisèrent dans leur âme intérieure, détachée en quelque sorte des biens de ce monde, cet esprit de sacrifice qui leur donna la force morale de résister aux oppresseurs, de conserver toujours vivant l'idéal de la liberté.

Ils subordonnaient tout à travers ces siècles où ils furent soumis aux pires barbaries au grand rêve qui galvanisait sourdement leurs âmes : celui de créer un jour l'unité politique de leur race.

*

Hier, ils étaient esclaves de l'étranger, aujourd'hui ils veulent redevenir esclaves de leur grand passé.

Leur martyre, qui a repris aujourd'hui une forme si tragique, leur a appris que la vie des peuples passe toujours par une école douloureuse qui ne peut être supportée que grâce à une force de caractère indomptable. Quoique esclaves des Turcs, ils devinrent pardessus tout esclaves de leur idéal.

Chez les Iougoslaves, l'esprit de sacrifice est resté la clef de voûte de leur vie sociale ; chaque jour, à chaque heure, ils pratiquent :

LE POÈME DE LA SOLIDARITÉ

dont le grand Français, Léon Bourgeois, a fait le credo et la force entraînante de l'avenir.

Pour comprendre les Iougoslaves, pour saisir la profondeur de la pensée de Léon Bourgeois, il faut être fils de la Révolution ; jamais un lourd esprit germain ou tout autre peuple matérialiste et égoïste ne sera capable de s'élever jusqu'aux hauteurs de la pensée superbe qui anime les Slaves du Sud.

✱

Napoléon à Ste-Hélène prononça ces paroles sublimes :

„La Grande Nation, qui au milieu de la première grande mêlée embrassera de bonne foi la cause des peuples, se trouvera à la tête de toute l'Europe et pourra tenter ce qu'elle voudra".

Ne songeait-il pas aussi à cette Illyrie qu'il avait créée, noyau autour duquel devait s'agglomérer peu à peu toute la race des Slaves du sud, et qui lui conserve toujours, aussi pur qu'au premier jour, un culte profond ?

Napoléon, ce psychologue génial, verrait aujourd'hui, dans ce peuple régénéré grâce à lui, un des champions de la grande Idée révolutionnaire, de la vraie démocratie qui fait trembler de nouveau sur leurs bases les plus grands Empires.

La France et l'Angleterre, qui ont fait un pacte sacré de Libération des Peuples, n'abandonneront jamais ceux dont l'émancipation sociale est une nécessité de la politique pacifique de l'Europe de demain.

✱

Le moment n'est-il pas venu pour l'Europe meurtrie d'en finir enfin avec la conception païenne du « droit de conquête » ?

En 1789, les Droits de l'Homme ont été proclamés, il est donc impossible de concilier cette reconnaissance avec le droit que s'arrogent des

Princes de disposer des peuples contre leur volonté. Le respect des Droits de l'Homme a créé de toute pièce le respect des droits des Nationalités, car une Nation n'est en définitive que le groupement ethnique d'individus dont chacun, pris séparément, jouit des principes posés par la Révolution.

C'est une gigantesque carrière que la Révolution a ouverte dans le monde. Les pierres qui en sont extraites sont : les hommes libres !

L'honneur de l'humanité est de l'exploiter jusqu'à son épuisement et, avec ces matériaux incomparables, il s'agit d'édifier toujours en plus grand nombre, ces édifices sublimes et indestructibles qui se nomment des Peuples Libres !

Aussi longtemps que cette vérité n'aura pas été proclamée, définitive, aussi longtemps que les Diplomates et les Hommes d'Etat n'auront pas élevé leurs regards et leur mentalité, si tristement opportuniste, jusqu'à la compréhension de l'âme même des Peuples qui veulent la Liberté, et que ne seront pas sanctionnées par des plébiscites les modifications apportées à la carte européenne, la guerre restera une institution sacrée. Elle seule en effet parviendra à rompre la chaîne maudite d'une diplomatie païenne, esclavagiste, méconnaissant totalement et piétinant les droits sacrés à l'autonomie qu'ont tous les Peuples civilisés.

*

Les partisans résolus de créer en Europe la Paix, sur le Droit appuyée enfin sur une Force méthodiquement organisée, — et ils sont légion, puisqu'ils ont en réalité pour eux la masse formidable des Peuples, — doivent imposer cette manière de voir à chacun de leurs Gouvernements. Il faut que le droit des Nationalités civilisées de vivre indépendantes de tous jougs étrangers devienne la base de toute notre civilisation politique moderne, afin que nous puissions aborder, sans hypocrisie, au cœur même du problème du désarmement.

La France est l'âme bouillonnante dont est sorti le principe sacré de la Liberté ; elle a été la première à le proclamer, elle a été la première à le réaliser ; elle doit à sa tradition, aidée de ses Alliés, de l'amener à triompher enfin en Europe.

Elle se trouvera alors réellement à la tête du Vieux Continent pacifié.

Les Slaves, par reconnaissance, adopteront le français comme seconde langue, pour correspondre entre eux, comme « langue d'honneur ». Russes, Polonais, Tchèques, Iougoslaves, soit plus de 150 millions d'individus se pénétreront ainsi de la grandeur de la civilisation française.

La langue française deviendra l'armature intellectuelle du Continent, la langue sublime de la Paix méthodique, organisée, qui pour longtemps doit éclairer enfin le monde civilisé.

LA SERBIE DEVANT L'EUROPE

A travers son Histoire

Les peuples qui occupèrent la péninsule des Balcans eurent une existence extrêmement mouvementée. Toujours sur la route des grandes compétitions entre l'Orient et l'Occident, ils connurent toutes les dominations, depuis celle de Darius à celle des Romains.

L'histoire du Peuple Serbe fut particulièrement tourmentée. Nous allons rapidement du début à 1800 en résumer les principaux épisodes. Nous aborderons ensuite son histoire contemporaine pour arriver aux luttes héroïques qui se déroulent à cette heure sur son sol.

Notes historiques

Au IVme siècle de notre ère, les territoires occupés à l'heure qu'il est par les Serbes étaient rattachés à l'Empire de Byzance dès 395. Lorsque les Slaves méridionaux descendirent des Carpathes au VIme siècle, ils s'établirent au sud du Danube.

Jusqu'au XIIme siècle, les Serbes sont en guerre continuelle avec Byzance et les Bulgares. Tantôt indépendants, tantôt soumis, ils devaient attendre l'avènement du roi Tchoudomil de la dynastie des Neemans (1151-1371), pour jouir de deux siècles d'autonomie absolue.

Douchan-le-Grand

Cette dynastie leur donna un grand roi en la personne d'Etienne VIII, Douchan le Grand (1338-1356). Les Serbes semblèrent alors voués à une grande destinée. Après une série de conquêtes, alliés aux Bulgares, ils créèrent un Empire qui allait de l'Adriatique à la mer Noire, du Danube à la mer de l'Archipel, avec Uskub comme capitale.

La cour de Douchan, devenu Tzar des Serbes, était la plus brillante de l'Europe orientale. En vrai Charlemagne serbe, il donna un code à ses Etats et protégea les lettres et les arts. La Serbie semblait destinée à relever d'un bond l'Empire d'Orient. Douchan marchait à la conquête de Constantinople lorsqu'il mourut subitement. L'Empire serbe se démembra.

Le souvenir de cette grande Serbie resta si ancré dans ce peuple que Michel Obrenovitch devait, cinq cents ans plus tard, tenter de la reconstituer.

Bataille de Kossovo (28 juin 1389)

Le voisinage de l'Empire Grec devait fatalement amollir les dirigeants serbes. Les mœurs dépravées, l'anarchie qui sévissait à Constantinople se propagèrent à la cour d'Uskub et le règne d'Ouroch V, successeur de Douchan, conduisit Lazare Ier au désastre de Kossovo (1389) qui ouvrit le royaume aux Turcs.

La bataille de Kossovo est au moyen-âge le drame le plus poignant de l'histoire des Slaves méridionaux. Ce fut un désastre sans nom qui marqua l'effondrement de la Balcanie chrétienne et ouvrit la route du Danube aux Osmanlis.

Les Iougoslaves ne peuvent penser à cette heure tragique sans avoir les larmes aux yeux. Pendant des siècles, le souvenir de ce cataclysme resta vivant au milieu de la race asservie. De pauvres chantres, dont les yeux avaient été crevés par les Ottomans, parcouraient inlassablement les campagnes en chantant le poème simple et large rappelant la grande bataille perdue.

A ces chanteurs aveugles, la Grande Serbie d'aujourd'hui doit une reconnaissance éternelle ; de générations en générations, ils entretinrent le feu sacré du sentiment national.

La conquête de la Serbie fut longue cependant ; en 1459, Belgrade échappait encore à l'étreinte de Mahomet II, au lendemain de la prise de Constantinople. Ce n'est qu'en 1521 que les Ottomans s'en emparèrent, malgré une défense désespérée. A partir de cette époque, sauf de 1718 à 1739, époque pendant laquelle elle passa en partie sous la domination autrichienne, la Serbie subit le joug turc qui ne devait prendre fin qu'au commencement du XIXme siècle.

Les guerres de libération

Aucun autre pays ne salua avec plus d'enthousiasme la Révolution française. En 1804, le peuple Serbe se révoltait, l'insurrection éclata sur plusieurs points à la fois et devait durer onze ans, du 4 février 1804 au 4 décembre 1815.

Kara-Georges et le premier soulèvement

Kara-Georges, ancien sous-officier serbe dans l'armée autrichienne, se mit à la tête des révoltés. En quelques mois, il débarrassa le pays des janissaires et exigea du Sultan la mise à mort de leur chef qui s'était réfugié à Belgrade. Non contents d'obtenir sous la suzeraineté du Sultan un gouvernement autonome, les Serbes réclamèrent leur indépendance ; le Sultan leur répond en leur déclarant la guerre sainte.

En 1806, trois armées turques pénètrent dans le pays. Kara-Georges, à la tête de 7000 fantassins et 2000 cavaliers, met en déroute 30,000 Turcs à Michar (13 août) et libère le pays.

En 1813, les Ottomans revinrent à la charge et cette fois, ayant vaincu la résistance serbe, ils se livrèrent à d'épouvantables représailles. Selon le mot d'un historien serbe, **« la paix était rétablie en Serbie, mais c'était la paix du tombeau ! »**

Quelle puissante personnalité que celle de Kara-Georges, le premier libérateur de la Serbie ! Le vieux roi actuel Pierre Ier, son héroïque descendant, a-t-il de qui tenir, lorsque le 29 novembre 1914, il se fit porter en litière sur le front pour donner lui-même le signal de l'offensive en des paroles entraînantes que nous rappelons plus loin. Et il y a quelques semaines à peine il a renouvelé cet exemple sublime en les circonstances affreuses que l'on sait.

*

Michel Obrenovich

et le second soulèvement

Les atrocités qui suivirent l'anéantissement des troupes de Kara-Georges provoquèrent le 25 avril 1815 un nouveau soulèvement. Miloch Obrenovitch, un ancien porcher, devenu chef militaire lors de la première insurrection, prit le commandement des insurgés.

Cette fois, la Russie libérée dans l'Europe occidentale fit pression sur Constantinople et exigea l'exécution du Traité de Bucarest de 1812.

La Serbie avait conquis enfin son indépendance le 4 décembre 1815 ; Miloch, élu par les Serbes, était reconnu par Constantinople comme leur chef suprême et investi par le Sultan. En 1833, Miloch obtint du Sultan de nouvelles libertés.

Mais ce n'est qu'au Traité de Berlin de 1878 que fut créée la Principauté de Serbie complètement indépendante qui, en 1822, était érigée en Royaume.

Les Serbes démolisseurs d'empires

Quelle destinée que celle de ce vaillant peuple ! Au début de son histoire, il lutte contre le puissant Empire de Byzance et, pour rester maître de ses destinées pendant deux siècles. des flots de sang sont versés comme prix de son indépendance. Le même cycle tragique se renouvelle vis-à-vis des Turcs, qu'il chasse en 1815.

A peine libérés des Turcs, les Serbes devaient recommencer une lutte épique contre un autre Empire tout aussi puissant que celui qui lui avait contesté sa naissance. Pendant la seconde moitié du XIXme siècle, la Serbie est en butte aux intrigues de l'Autriche-Hongrie. Sa renaissance, qui se faisait pacifiquement, trouve sur sa route un nouvel Empire Byzantin dont la moralité politique avait de singuliers points de comparaison avec celle qui régnait au XIVme siècle, au déclin de l'Empire Grec.

Si les guerres des Neemans contre Byzance contribuèrent à la chute de l'Empire d'Orient, la campagne de défensive héroïque menée par les Serbes contre la Monarchie des Habsbourg ne contribuera-t-elle pas à son tour au démembrement de cet État de cinquante-cinq millions d'habitants ?

Si les Serbes connurent surtout le joug ottoman, la chrétienté entière ne l'a-t-elle pas subi elle aussi, en tolérant durant cinq longs siècles ces fanatiques dans l'Europe orientale ? Pour précipiter définitivement leur départ du Continent Européen, les nations chrétiennes devaient attendre que d'autres barbares jettent un défi à la Civilisation du monde. L'heure de la déroute semble avoir sonné pour la trinité diabolique des trois Empires !

Et ce sera encore l'immortelle Serbie, lâchement envahie par des forces écrasantes, piétinée honteusement par des peuples sans honneur, qui sera cause de leur effondrement !

✳

La Serbie émancipatrice
des Iougoslaves

La Serbie, qui en 1804 se relève toute meurtrie après 500 ans de captivité, ne proclame-t-elle pas au monde, à travers toute l'histoire des peuples, l'étonnante vitalité des nationalités ?

Symbole de ce principe sacré proclamé par la Révolution française, tandis que Bonaparte émancipe les Slaves d'Illyrie, elle se dresse fière et généreuse. Poursuivant l'idéal sublime de la liberté, la nation serbe ne songe plus alors qu'à la libération de tous les Slaves méridionaux.

L'Autriche-Hongrie pressentit le danger et du jour où elle commença à reculer en Italie, elle inaugura une politique anti-serbe.

Ne devait-elle pas par tous les moyens étouffer le symbole de l'indépendance qui, tôt ou tard, se dresserait triomphant sur les rives du Danube, de la Moldau, de l'Adriatique et qui rappellerait aux Croates, aux Slovènes, aux Tchèques, aux Polonais et aux Roumains que le droit est imprescriptible pour les peuples d'être gouvernés par des chefs de leur sang, de former des nations autonomes n'ayant plus à servir les ambitions anti-sociales et anti-humaines de princes étrangers et corrompus !

Les dernières violences autrichiennes

Radetzky (1856), Tegetshof (1868) préconisèrent la politique anti-serbe. Bismark, ce bourreau des nationalités, pour se venger de ce que la Serbie n'avait pas accepté de s'allier à l'Allemagne pour écraser l'Autriche en 1866, excita dans la suite le cabinet de Vienne contre Belgrade. Andrassy, lors du Congrès de Berlin, refuse à la Serbie une rectification de frontière ; et nous assistons aussitôt après à l'occupation militaire de la Bosnie-Herzégovine par l'Autriche qui veut prévenir toute entente Serbo-Bulgare.

En 1885 enfin, le comte Kalnoky pousse le roi Milan contre la Bulgarie, tout comme le comte Berchtold en 1913 sera l'auteur avoué de la deuxième guerre balcanique.

La politique du roi Milan à l'égard de la Bulgarie était si peu sympathique en Serbie qu'il dut abdiquer peu après.

Et comment en aurait-il pu être autrement, les Serbes avaient-ils oublié Michel Obrenovitch, assassiné au moment où il travaillait à l'émancipation des Bulgares ? En résumant l'historique de la Ligue Balcanique, nous nous sommes arrêtés à cette grande figure.

Le drame serbe de Belgrade

Au roi Milan succéda Alexandre, son fils. Il devait être le dernier des Obrenovitch. L'attentat de Belgrade devait marquer la fin tragique d'une dynastie.

Au temps du roi Milan (1868-1889), la Cour Serbe fut de plus en plus aux ordres de l'Autriche. Son fils Alexandre (1889-1903) s'y soumit plus entièrement encore. Son mariage avec Draga devait lui coûter la vie. La belle reine personnifiait perfidement en effet la politique de l'Autriche. Elle avait le don de faire causer les femmes d'officiers qui fréquentaient la

Cour, connaissait les sentiments des grandes familles serbes. Celles qui n'étaient pas favorables aux Habsbourg étaient portées sur des listes noires ; il ne s'agissait rien moins, en 1903, que de faire disparaître les patriotes dénoncés par l'espionne couronnée.

Quelques-uns d'entre eux ayant eu vent de ce qui se tramait, comme il s'agissait en définitive de choisir entre le roi et la Serbie, entre un changement de souverains et une révolution, les conjurés décidèrent de pénétrer de nuit dans le Palais royal, et d'arracher l'abdication de ce prince indigne de régner.

Contrairement aux prévisions, la destinée s'accomplit inexorable et transforma en drame un acte qui devait s'accomplir sans effusion de sang.

Les conjurés détail peu connu jusqu'ici, en pénétrant la nuit dans le Palais, au lieu de couper les fils des sonneries, tranchèrent ceux de la lumière. Le palais fut plongé dans une obscurité complète, où, pendant deux longues heures, les conjurés cherchèrent à tâtons la chambre du roi. Un officier de la Maison royale s'étant aperçu que quelque chose d'anormal se tramait dans l'ombre sortit pour aller chercher de l'aide ; un conjuré l'aperçut, les deux hommes se mirent en joue, firent feu et s'effondrèrent en même temps.

Tandis que les conjurés arrivaient enfin à la chambre à coucher du roi et de la reine, un régiment cernait le Palais. Ils franchirent le seuil des appartements royaux : personne. Le roi et la reine s'étaient réfugiés dans une armoire. Alexandre cependant sort de sa retraite, va au devant des conjurés. Ils lui présentent à la signature la déclaration d'abdication. Alexandre refuse. Un conjuré le menace de son revolver. « Tirez », dit le prince. A ce moment Draga s'élance de sa cachette, se place entre le souverain et le canon du revolver : « Pas l'un sans l'autre », dit-elle. Une détonation déchire l'air, suivie d'une seconde. La Serbie venait pour la première fois de frapper l'Autriche-Hongrie, le couple fatal ne symbolisait-il pas aux yeux des conjurés la Monarchie dualiste qui régnait par leur entremise sur la Serbie asservie ! D'une façon mystérieuse, presque tous les conjurés devaient disparaître plus tard sans laisser de traces.

Ainsi s'éteignit la dynastie des Obrenovitch. Elle compta deux grands princes : Son fondateur, son fils le Prince Michel ; elle compta deux Autrichiens : Milan et Alexandre.

Pierre Ier

Le 15 juin 1903 montait sur le trône de Serbie Pierre Ier, descendant de Kara-Georges, le héros de Michar. Il remit le royaume dans sa belle tradition.

Il fut l'organisateur du mouvement Iougoslave, Belgrade redevenait l'espérances des Slaves méridionanx encore soumis aux Turcs et aux Habsbourg. Pierre Ier fut digne de son ancêtre et même de Douchan, le Charlemagne serbe, et a bien mérité sa grande popularité.

La nouvelle orientation qu'il donna à la politique étrangère du royaume devait augmenter l'antagonisme austro-serbe.

En 1905, le comte Goluschowsky ferme aux produits serbes les frontières de la Monarchie ; il fallait empêcher un projet d'union douanière entre la Serbie et la Bulgarie. Pour corser encore cette lâche politique vis-à-vis de ce petit pays héroïque de moins de trois millions d'habitants, la Cour de Vienne, représentée cette fois par le Baron Aerenthal, subventionne une odieuse campagne de presse contre la Serbie. Là où les armes n'eurent pas de prise, celui qui faillit mettre l'Europe en feu à propos de la Bosnie-Herzégovine essaie la diffamation, la calomnie et va jusqu'à organiser des complots imaginaires.

Se souvient-on du Procès d'Agram (1908), qui tourna à la honte de l'Autriche, du Procès de Vienne (1909) qui aboutit à la conclusion que le Comte Forgach lui-même, haut représentant de l'Autriche à Belgrade, dût se reconnaître l'auteur des faux documents sur une prétendue entente secrète pour soulever, contre les Habsbourg, la Croatie et la Bosnie sous l'instigation des Serbes. La Cour de Vienne se hausse à la hauteur de celle de Byzance !

Mais c'est peine perdue, le destin suit son cours ; en 1912 la Ligue Balcanique, à la formation de laquelle le roi Pierre prit la part la plus active, devait écraser la Turquie ; la Vieille Serbie est reconquise, et surtout cette haute plaine de Kossovo où la race Iougoslave avait subi, plus de cinq cents ans auparavant, sa terrible défaite.

Au réglement de la guerre de 1912, soutenu par la politique aveugle du Sicilien San Giuliano, le Comte Berchtold s'oppose violemment, malgré les armées serbes qui s'étaient frayées un chemin à travers l'Albanie jusqu'à Durazzo, à la concession à la Serbie d'un territoire en bordure sur l'Adriatique.

Cette mer libre qui leur ouvrait le chemin de l'Occident et que leurs troupes admirables avaient de nouveau entrevues, « la mer Serbe », comme ils l'appellent tous, et au bord de laquelle ils plantèrent, en pleurant de joie, le drapeau national le jour de leur arrivée, leur était de nouveau interdite.

L'Autriche et l'Italie exigent la constitution de cet Etat d'Albanie, épave de la Turquie déchue, qui sera tenu en rébellion continuelle et servira à l'Autriche pour menacer d'une manière permanente les royaumes limitrophes.

Le drame autrichien de Serajevo

L'attentat de Serajevo du 28 juin 1914 devait entrainer l'Europe dans une guerre gigantesque.

La version autrichienne l'attribua tout naturellement aux menées de la Serbie et des Comités Iougoslaves. Une autre version a prétendu que les pangermanistes autrichiens poussés par une puissance oculte n'étaient pas étrangers au drame. En supprimant l'Archiduc héritier François-Ferdinand, ne lançaient-ils pas la Monarchie dualiste dans les bras de l'Allemagne !

Ce drame, dont il faudra percer le mystère, contient pour l'Europe un enseignement poignant que rien ne doit atténuer.

L'organisation du mouvement Iougoslave, telle que l'a conçue ses dirigeants, repose sur un grand nombre de journaux et de revues imprimés à Zagreb, Spalato, Lubiane et même

Prague. Il repose encore sur des Comités qui s'inspirent du carbonarisme italien, tant il est vrai que les mêmes causes provoquent les mêmes effets. Faut-il rappeler aux dirigeants de l'Europe de demain qu'au temps du « Risorgimento », les Italiens des provinces Lombardo-Vénitiennes combattaient de la même manière la Monarchie des Habsbourg ?

Dans les derniers jours de juin 1914 étaient réunis à Vienne, en Congrès, les délégués de tous les Comités Iougoslaves. Pour la première fois, une entente absolue régnait entre eux et à l'unanimité la décision fut prise d'organiser le mouvement Iougoslave, en vue de constituer à brève échéance, à la suite d'un mouvement de tout le peuple Iougoslave, la Iougoslavie qui réunirait en un Etat unique tous les Slaves méridionaux.

A peine cette décision venait-elle d'être votée que quelques heures plus tard la nouvelle de l'attentat contre l'archiduc François-Ferdinand se répandait dans la capitale. Ce coup de théâtre annulait les décisions des Congressistes ; le même soir, ils devaient assister à un concert, au lieu de s'y rendre, ils se séparèrent, car ils savaient que les persécutions allaient commencer bien qu'absolument étrangers à la tragédie qui frappait la couronne.

L'anniversaire sanglant de Kossovo
28 juin 1914

Depuis 1389, chaque année, les Iougoslaves commémoraient la date du 28 juin, anniversaire de la bataille de Kossovo.

En 1914, pour la première fois, cet anniversaire devait revêtir un caractère d'allégresse intense, car les Slaves méridionaux de la Vieille Serbie avaient regagné les premiers la mère Patrie. L'archiduc François-Ferdinand, malgré les avertissements qui lui arrivaient de toutes parts, avait décidé de se rendre à Serajevo à cette occasion, pour affirmer la mainmise de l'Autriche sur la Bosnie-Herzégovine. Ce défi aux aspirations Iougoslaves provoqua l'attentat qui devait, un mois plus tard, déchaîner la Conflagration européenne.

Il est évident que la tragédie archiducale n'a jamais été, ni de près, ni de loin, l'œuvre d'un complot des Comités Iougoslaves.

Le vengeur de la grande Idée, que l'Archiduc venait de nouveau de fouler aux pieds le jour de l'anniversaire de Kossovo, était un étudiant de l'Herzégovine, par conséquent sujet autrichien d'une famille chrétienne orthodoxe. Il avait passé quelque temps en Serbie où il avait connu un de ces terribles agitateurs macédoniens, grands exécuteurs de tyrans, et à eux deux seuls, l'attentat fut organisé.

Le drame de Serajevo porte en lui un enseignement redoutable pour ceux qui voudraient soumettre de nouveau a des maîtres étrangers les populations Iougoslaves dont une partie déjà a reconquis sa pleine liberté.

N'y a-t-il pas un devoir pour l'Europe à prévoir le danger plutôt que de le subir !

L'Italie sera-t-elle assez sage pour regarder en face l'avenir, elle dont l'histoire contemporaine s'est déroulée si facilement, et qui a si peu souffert pour créer son unité ! Saura-t-elle profiter des enseignements de l'histoire !

Les Slaves méridionaux peuvent être aussi ardents pour la paix que terribles dans la

guerre ; dans ce dernier cas ils sont indomp-
tables.

Pour conquérir leur liberté, ils semblent prêts
à ne reculer dorénavant devant aucun moyen.
N'est-il donc pas de la plus haute prudence d'é-
viter de les forcer à s'engager dans une voie
sanguinaire, car l'Europe libérée de la sauvage mentalité germanique et revenue à l'idéal
révolutionnaire de 1789 ne pourrait qu'applau-
dir à leurs gestes libérateurs. La liberté ne
ferait qu'étrangler la tyranie. Le poète d'An-
nunzio, en vrai latin, ne l'a-t-il pas proclamé
au peuple romain : « Balayez donc, balayez toutes les ordures, repoussez dans le cloaque toutes
les pourritures » !

Le trio Tisza, Forgach & Tchierschky

Le drame de Serajevo, accompli sur territoire autrichien cependant, va servir de prétex-
te pour déclarer la guerre à la Serbie.

L'Autriche ne voulait-elle pas lui enlever
« son excellente artillerie française » comme
le disait le trio Tisza, Forgach, Tchierschky.
Mais ce n'est pas seulement son artillerie que
l'Autriche convoitait ; en voulant soumettre la
Serbie, elle marchait vers l'Orient, — Drang
nach Osten, — par la route du Vardar elle visait par la conquête de la Macédoine à régner à
Salonique, tout en anéantissant le foyer d'é-
mancipation des Iougoslaves.

Le dictateur Tisza, le véritable complice de
Guillaume II, rêvait sans nul doute de refaire
la Hongrie de Mathias Corvin avec Constantinople comme capitale. Il prévoyait la fin des
Habsbourg, il visait à une Madgyarie toute

puissante qui aurait asservi les Slaves et les Roumains de l'Adriatique à la mer Noire. Dans sa tête en feu, Madgyars et Prussiens auraient dominé chacun une portion du monde.

La première débâcle des armées austro- hongroises en 1914 lancées sur la Serbie a été une première réponse à ce rêve de fou. Celle qui sera faite en 1916 à l'envahissement qui vient de se dérouler sous nos yeux, en cherchant à écraser ce vaillant peuple, sera il faut l'espérer la dernière.

La Hongrie de demain redeviendra dans l'histoire aussi petite que la Serbie sera grande !

La Serbie et l'Italie

Vouloir reconstituer au profit de l'Italie toutes ses anciennes colonies vénitiennes en lui abandonnant notamment l'Istrie et la Dalmatie est un danger pour la paix de demain.

Nous avons exposé autre part les raisons de haute politique qui militent en faveur de la création de la Confédération d'Illyrie, comme à une Constitution libérale qui fasse aux Italiens habitant, en faible minorité ces pays, la plus large part dans leur direction politique.

Si l'Italie voulait s'emparer de territoires en majorité écrasante slaves, elle créerait pour ainsi dire automatiquement un foyer de discordes entre les peuples slaves et l'Italie. En refusant à la Grande Serbie comme aux Croato-Slovènes les côtes de l'Adriatique qui leur reviennent tout naturellement, et par droit d'occupation depuis plus de treize siècles elle ne ferait que reculer le règlement de comptes.

Les prétentions du Comité Italien « Pro Dalmazia » sont incompatibles avec le droit des nationalités, base sur laquelle fut fondée l'unité italienne elle-même. En Dalmatie surtout, les Italiens sont une infime minorité : sur une population de 645,600 habitants, 18,000 seulement sont italiens soit 3 %.

A la diète Serbo-Croate 36 députés sur 42 sont serbo-croates. Quant aux 11 députés Dalmates au Reichsrat, pas un n'est Italien. Dans les élections locales dalmates les candidats italiens sont obligés de s'adresser aux électeurs en Serbe. La Dalmatie n'a jamais oublié qu'elle fut longtemps gouvernée par des princes serbes et Croates. Faut-il rappeler que Raguse centre d'une civilisation incomparable était appelée l'Athènes slave !

La Dalmatie n'est donc pas plus italienne que la Posnanie n'est prussienne !

Les enseignements qui découlent de l'histoire héroïque des peuples slaves du Sud et leur réveil aujourd'hui à la liberté rend nécessaire que leurs frontières légitimes leur soient fixées définitivement, sans passer par de nouvelles périodes troublées dont l'Italie pourrait être en définitive la victime.

Après les torrents de sang italien que cette guerre aura fait couler veut-elle en s'annexant, sans nécessité aucune des territoires, peuplés d'une race absolument différente, préparer une nouvelle guerre ? Veut-elle créer une nouvelle Macédoine ?

La nation serbe aura fait en définitive pour les Slaves méridionaux un effort tel que les Alliés doivent en comprendre le profond mobile. Pour les raisons de haute prudence politique cependant et pour équilibrer les races en présence, nous avons expliqué autre part pourquoi il ne convient pas de relier à la Serbie la Croatie, l'Istrie, la Carniole, le sud de la Carinthie et de la Styrie. La sécurité de l'Italie dans l'avenir dont le rêve d'hégémonie absolue dans l'Adriatique serait la négation, nécessite que ces contrées constituent un Etat autonome, que nous avons appelé la Confédération d'Illyrie, qui doit servir d'Etat tampon entre l'Italie et la Serbie.

En outre, comme garantie de paix durable la Serbie, le Montenegro, comme la nouvelle Confédération Balcanique dont nous parlerons devront s'engager à ne fortifier aucun de leurs ports et à n'entretenir aucune marine de guerre.

Le Congrès des Alliés qui réglera le sort de l'Europe établira une Paix qui sera rendue inviolable par la nature même de ses conditions rationnelles et légitimes. Toute l'armature pacifique en sera constituée par ce principe sacré : la libération des nationalités.

La Paix Européenne s'élèvera à travers le vieux continent, dans la grande renaissance de demain, comme une protestation terrible contre la politique odieuse de spoliation et d'asservissement des Peuples !

La Grande Serbie de demain

La guerre de 1912-13 valut à la Serbie une augmentation territoriale d'environ 39,000 km² avec 1,532,700 habitants, ce qui porta la superficie totale du royaume à 87,303 km² avec 4 millions 489,600 habitants.

Il s'agira lorsque les Serbes reprendront leur pays, en l'arrachant des mains de ceux qui le dévastent à l'heure actuelle, de leur donner enfin accès à la mer et leur constituer leurs limites indiscutables sur l'Adriatique.

En ce qui concerne la région albanaise, foyer de troubles constants, la Serbie devra être mise en possession des territoires compris entre le versant méridional de la vallée du Skumbi et le vieux Drin. Pour les régions situées au nord du Monténégro, elle devra posséder toute la Bosnie à l'exception de la Croatie bosniaque, toute l'Herzégovine, enfin les cercles dalmates de Raguse et de Spalato jusque près des bouches du Cattaro. Elle doit incorporer de plus à ses territoires la Slavonie, la Syrmie et la partie de la Hongrie méridionale peuplée de Serbes qui se trouve dans le Banat et comprend les Comitats de Tamisch et de Torontal.

La Serbie reprenant ainsi ses frontières naturelles dépassera huit millions et demi d'habitants, car il faut tenir compte dans ce calcul de la haute natalité des Serbes qui occupent en Europe immédiatement le second rang après la Russie. Avec un taux de 1.58 % d'augmentation annuelle de sa population, la Grande Serbie ainsi reconstituée, grâce à sa vaillance morale admirable, atteindra au bout de vingt ans plus de douze millions d'habitants. Elle luttera dans le domaine de la civilisation avec la Confédération d'Illyrie qui formera le second groupe des Slaves du Sud.

Il est remarquable de relever à travers l'histoire, pour les nationalités tenaces, celles qui ont subi tous les assauts sans jamais douter d'elles-mêmes, la fidélité inébranlable dans la reconstitution des frontières perdues, et surtout l'attrait invincible qu'ont ces peuples pour les rivages maritimes occupés jadis.

Les Serbes, par exemple, ne cherchèrent jamais à posséder un port sur la mer Egée ; aussi ne sont-ils pas entrés en compétition en 1913 avec les Grecs au sujet de Salonique. Guidés par le sûr instinct de leur race c'est non au sud, mais vers la mer de l'ouest qu'ils ont toujours fixé l'idéal national de leur indépendance.

Comme cette psychologie des peuples apparaît parfois merveilleuse à travers les longs siècles d'histoire ! La Serbie, qui a son apogée possédait les côtes de l'Adriatique, n'a jamais oublié depuis la nécessité de rentrer dans ses limites naturelles. A travers les périodes les plus sombres de la domination turque, rien n'a pu effacer dans l'âme de cette nation courageuse son idéal territorial.

Pour son développement normal les côtes étendues que nous venons d'énumérer sont nécessaires à la Serbie. Sur cette mer Adriatique qui a connu l'époque de sa grandeur et où elle a laissé comme enracinés au sol ses frères, qui ont attendu fidèlement pendant des siècles leur libération, l'heure vient de lui rendre justice.

L'héroïsme du Peuple Serbe

Pendant toute son histoire, la nation serbe n'a cessé d'opposer une solide barrière à la poussée germanique. Cet honneur redoutable a été l'origine pour l'Europe des plus rudes conflits.

Sur la grande route que s'était tracée vers l'Est l'Autriche d'abord, le pangermanisme ensuite, la Serbie fut exposée à toutes les violences.

Pour avoir résisté comme elle l'a fait, avec

ce patriotisme ardent, il faut connaître la psychologie du peuple serbe. **Sa caractéristique est celle d'une intensité de sentiment national absolument incomparable. Tout entière dans son esprit de solidarité développé au plus haut point, elle éclate partout dans la vie et les mœurs de ce pays à la fois tolérant et démocratique.**

Une coutume émouvante peut presque définir l'âme Serbe ; dans les familles toujours nombreuses de ce peuple patriarcal, on ne célèbre pas séparément la fête de chacun des membres, mais une seule fête, celle de la famille tout entière réunie autour de son chef.

Si les illettrés sont nombreux, il faut en faire remonter l'origine à cette lourde oppression turque qui à peu près complètement priva, pendant plus de cinq siècles, le peuple d'instruction. Mais le patriotisme local qui flotte autour du petit clocher natal, aux grandes heures de l'histoire nationale, donne à tous les Serbes cette froide résolution de vaincre qui a toujours assuré contre tous leurs ennemis la liberté du pays.

Le roi Pierre à Kragoujevatz

Quel épisode merveilleux, dans une histoire qui en possède tant, que celui du roi Pierre à a la Bataille de Kragoujevatz, à la fin de novembre 1914 !

Repoussée par les Autrichiens et acculée autour de l'arsenal de Kragoujevatz dans la vallée de la Morava, l'armée serbe se préparait à une bataille que son grand Etat-Major lui-même estimait perdue étant donnée la supériorité écrasante des adversaires.

Le vieux roi Pierre, depuis plus d'un an malade, à Bania-Kralitch, avait remis tous ses pouvoirs à son second fils, le Prince Régent Alexandre. Suivant passionnément les phases de la campagne, il apprit le recul progressif de son armée. Malgré les conseils de son entourage, il se met en route le 29 novembre à neuf heures du soir, traverse à minuit la gare de Nisch, où le Gouvernement prévenu de son coup de tête royal vint le saluer au passage.

Arrivé aux premières lueurs du jour sur le front, il réunit l'Etat-Major, se rend aux tranchées et là, prenant un fusil, dit à se soldats : **,,Mes enfants, ceux d'entre vous qui préfèrent rentrer dans leurs foyers et abandonner la lutte peuvent s'en aller; mais que ceux qui veulent défendre leur sol jusqu'à leur dernier souffle se groupent autour de leur roi qui, tout malade qu'il est, est venu combattre et mourir s'il le faut au milieu de ses soldats".** Embrassant ensuite le drapeau du 8me régiment, montrant aux soldats les ennemis, il leur crie : ,,Hésiterez-vous, maintenant? "

On sait quel fut le glorieux triomphe de la petite armée serbe. Après des batailles acharnées qui durèrent dix jours, la déroute de l'armée autrichienne fut complète, laissant aux mains des Serbes 50,000 prisonniers et un butin innombrable.

Depuis, la plus affreuse agression que jamais une petite nation n'a subi dans l'histoire, s'est accomplie. Quatre peuples se sont ligués pour accomplir une besogne infernale.

Que ne pourrait-on ajouter aujourd'hui au calvaire que vient de subir un peuple entier foulé aux pieds par des adversaires aussi honteusement lâches que barbares.

L'avenir

C'est toujours à une source d'idéalisme qu'ont puisé les peuples supérieurs. Pour la Serbie, cette source a été sa poésie nationale, ses légendes sublimes, ses contes héroïques jamais écrits, mais jalousement transmis par la tradition de génération en génération.

C'est la pensée toujours vivante des héros qui a su exalter dans la grande famille serbe l'âme nationale, inépuisable école d'héroïsme à laquelle une fois de plus ils viennent de s'abreuver.

Avec eux, on peut être certain que la poussée pangermaniste avec ses horreurs sauvages, sa conduite féroce vis-à-vis des petits peuples qu'ils veulent anéantir, trouvera dans la Grande Serbie, qui sera entièrement reconstituée demain, une barrière infranchissable.

Les Serbes pourront développer alors les qualités fondamentales de leur race laborieuse et intrépide, où la nation, la commune, la famille, possèdent au plus haut degré le sens de la fraternité.

Ignorant les castes et leur esprit de division, le Serbe est d'une tolérance proverbiale. Tous sont frères, qu'ils soient orthodoxes, catholiques ou musulmans. Le sentiment de l'unité nationale domine la vie de ce peuple, et l'enfant apprend tout jeune qu'il existe au-delà du pays qui l'a vu naître et des frontières de Serbie des frères qui attendent encore leur libération.

« Chez nous » disent-ils, « tout homme est
» un roi. Tout le monde a ses droits et ses de-
» voirs. Le roi n'est pas notre tyran, mais notre
» chef, notre père, c'est lui le symbole de notre
» liberté nationale et individuelle ».

Cette noble race fera de sa patrie reconstituer un pays riche et prospère où règneront
l'union, le bien-être, la vraie liberté, celle ac-
quise dans la lutte en commun contre l'oppres-
seur, où tous ont appris à se sacrifier les uns
pour les autres.

Le Monténégro devant l'Europe

A travers son Histoire

« Quand Dieu créa le monde », disent les Monténégrins en riant, « il tenait à la main un sac plein de montagnes ; mais le sac vint à crever précisément au-dessus du Monténégro et il tomba cette masse effroyable de rochers que vous voyez. »

Le Monténégro, depuis la dernière guerre balcanique, couvre une superficie de 14,180 km², avec une population de 435,000 habitants.

Les Monténégrins eurent toujours une épopée héroïque. C'est aujourd'hui une simple page de plus qu'ils viennent d'y écrire avec leur sang. Leur grande histoire commence au XIVe siècle, lors de la conquête de la Serbie par les Turcs ; le Monténégro devint alors le dernier espoir de la race. Avec une farouche grandeur, il garda pur et sans tache la noble tradition serbe ; jamais il ne souffrit le joug de l'étranger. La Turquie, Venise se l'annexèrent, mais ce n'était que sur le papier. Aucune puissance ne put se vanter d'avoir jamais entièrement soumis ce merveilleux petit peuple, rompu au métier des armes, dont les ressortissants ne craignaient qu'une chose : « Mourir dans leur lit ! »

Le Monténégrin n'a en effet qu'une ambition : « Succomber sur un champ de bataille. »

Au point de vue anthropologique les peuples des Balcans, en dehors des Turcs, ne sont étudiés que depuis peu d'années ; de grandes lacunes restent encore à combler.

L'Héroïsme des Monténégrins.

La race monténégrine, qui se rattache à celle primitive des Illyriens, s'est conservée très pure. Elle a des liens de parenté certains avec les Bosniaques et les Herzegoviniens. La taille moyenne des Monténégrins est une des plus hautes des peuples d'Europe Si certains de leurs groupes sont devenus musulmans, ce changement religieux n'a eu aucune influence sur leur caractère.

La vaillance de cette petite Nation est proverbiale. Les Monténégrines en sont comme l'armature héroïque, entraînées par leur Reine et leurs Princesses, dont la bravoure est leur drapeau. On sait l'aide merveilleuse de sang-froid et de courage qu'elles apportent à leurs soldats en pleine lutte, veillant aux munitions, emportant les blessés des champs de bataille à travers le sifflement des balles et, au besoin, relevant l'arme tombée pour la retourner contre l'ennemi.

Habituées aux plus rudes travaux, dans ces hautes vallées si sévères, elles ont conservé à la race cette fierté, cette pureté que rien n'a entamé jusqu'ici et que rien n'entamera jamais.

Le petit peuple monténégrin, lui, a conservé toujours intact son honneur. A travers l'existence la plus difficile, dans cette presqu'île des

Balcans, arrosée du sang de millions d'innocents, il a maintenu sa tête toujours haute, son regard toujours limpide, son cœur toujours intact.

Sacrifiant aujourd'hui son armée, son territoire, tout ce qu'il possédait à une défense glorieuse de ses vallées bien-aimées, il a couvert à nouveau d'honneur ses Couleurs Nationales.

Combien de pays, à l'âme de marchands, restés spectateurs âprement silencieux du grand conflit, pourront jamais en dire autant !

Notes historiques

Le Monténégro fit partie de l'ancienne Illyrie. Au Moyen-Age, il était compris dans le grand Empire des Serbes sous le nom de Zenta. Ce n'est qu'après la bataille de Kossovo (1389) qu'il commença une existence indépendante. Il vécut alors cette épopée grandiose de révolté contre toute domination étrangère. Des luttes continuelles contre les Albanais, les Turcs et les Vénitiens obligèrent les Monténégrins à une résistance constante.

En 1466, après la mort du héros Albanais Scanderberg, les Turcs menacèrent les Monténégrins qui durent abandonner la forteresse de Zabljak, pour se réfugier dans les montagnes. C'est alors qu'ils fondèrent le monastère de Cettigné en 1485, qui devait devenir, en 1516 après l'abdication de Georges Tschernowitch, en faveur du métropolitain du pays l'archevêque Germanos, le siège du gouvernement théocratique.

Jusqu'en 1499 le Monténégro obéit à des princes laïques. Depuis cette époque jusqu'en 1830, le pays fut gouverné par des Chefs à la fois archevêque et souverain militaire, appelés vladika. Au temps de Pierre-le-Grand, les Monténégrins du plateau se placèrent sous le protectorat russe, ceux de la plaine sous celui de l'Autriche.

Dès 1791, les Monténégrins furent abandonnés à eux-mêmes et subirent en 1796, de la part des Turcs, une guerre d'extermination.

Malgré l'oubli de la Russie vis-à-vis de ce vaillant petit peuple, le Monténégro en 1803 défendit la cause du Tzar contre Napoléon.

Dans tout le cours de son histoire, il résista, avec une héroïque énergie, aux Vénitiens, aux Turcs, aux Autrichiens. A ces derniers, il disputa longtemps la possession des Bouches de Cattaro, son port légitime et l'Autriche ne le lui arracha que la plume à la main, sur un tapis vert diplomatique, lors du Congrès de Vienne en 1814. Les Habsbourg gagnèrent toujours plus de provinces ; comme on le sait, par des contrats de mariage, l'aide apportée à d'autres oppresseurs et les traités qui en étaient la conséquence, que par le sort des armes.

De 1830 à 1851, sous le Gouvernement de Pierre Petrowitch II, le pays commença à se civiliser, malgré les luttes qui, en 1846, recommencèrent contre les Turcs. En 1851, tandis que Danilo, le successeur de Pierre Petrowitch, est à Petersbourg pour recevoir l'investiture du Tzar, éclate une terrible guerre avec la Turquie. Elle dura jusqu'en 1853. Le Monténégro ne dut son salut qu'à la pression de la Russie.

En avril, 1855, à la suite d'une révolution. Danilo octroya une constitution nouvelle qui rendit héréditaire le pouvoir. C'est de cette époque que date le Code monténégrin.

L'article relatif à la défense nationale vaut la peine d'être cité : **„S'il se trouve un lâche, on lui enlèvera ses armes et de sa vie il ne pourra plus les porter, ni jouir d'aucune considération; en même temps, on lui attachera un tablier de femme autour du corps pour bien indiquer qu'un cœur d'homme ne bat point dans sa poitrine".** Ce code prévoit des peines très sévères contre l'adultère, tout comme il reconnaît à l'offensé le droit de se faire justice en autorisant le duel.

Le prince Danilo fit accepter aussi à l'Assemblée du Peuple, la Skouptchina, composée des doyens des tribus, et au Sénat, Assemblée consultative nommée par le prince, le statut concernant sa succession. A défaut d'héritiers directs, la couronne princière passe au frère du défunt et à sa descendance. En cas d'extinction de la branche masculine, le peuple choisira son souverain dans la famille Petrowitch.

C'est ainsi qu'en 1860, succéda à son oncle Danilo Nicolas 1er, comme Prince du Monténégro. Il devait être couronné roi en 1910.

Sous ce prince qui a aujourd'hui 75 ans, le Monténégro s'accrut au Sud, du côté de l'Albanie, obtint un port sur l'Adriatique en 1878 au Traité de Berlin et doubla presque d'importance après la guerre balcanique de 1913.

Le roi Nicolas qui a eu neuf enfants est allié aux familles régnantes de Russie et d'Italie et aux familles de Battenberg et de Leuchtenberg. Il devait après l'assassinat de Michel Obrenovitch en 1868 lui succéder, en réunissant son royaume à la Serbie qui aurait évité ainsi les règnes de Milan et d'Alexandre.

Le Monténégro et la Iougoslavie

Il existe au Monténégro tout un parti qui voudrait réunir ce royaume avec la Serbie. Le projet correspond à la constitution de la « Iougoslavie », État national qui serait appelé à grouper peu à peu tous les Slaves méridionaux de Lubiane à Uskub.

Le très vif intérêt que nous portons à ce peuple héroïque et que la France n'a cessé de manifester d'une manière ardente, ne nous fait pas souhaiter de le voir se plier dans l'avenir à ce mouvement centralisateur excessif.

Dans l'Europe de demain, il ne devra plus être constitué de nouveaux États militaires; car après la disparition de la Prusse, de l'Autriche-Hongrie, de la Turquie et de leur état d'armements à outrance, il faut laisser aux régions libérées, dotées de la plus large autonomie politique, une décentralisation qui accentue le caractère d'indépendance des nationalités. Sur le terrain commercial et intellectuel au contraire, on devra favoriser tout ce qui tendra à lier le sort des enfants d'une même race.

Les Iougoslaves ont toujours compris que la prospérité d'un pays est beaucoup plus dans la décentralisation que dans la centralisation. Dans une Confédération laissant à chacun des Peuples la vraie liberté, certains d'entre eux peuvent trouver des avantages incontestables leur permettant de vivre en parfaite harmonie, tout en conservant leur indépendance nationale absolue.

La centralisation brutale a trop souvent tué les petits centres au profit d'un centre unique devenant tôt ou tard, suivant une loi presque fatale, un foyer d'oppression et de décadence.

La décentralisation, au contraire, a toujours favorisé le développement d'une multitude d'éléments civilisateurs de premier ordre. Particulièrement dans les petits centres de régions, plus modestes ils font éclore à l'infini ces âmes palpitantes de patriotisme qui forment la valeur profonde d'une nation. La politique de décentralisation a toujours exalté la vie provinciale en ressuscitant l'amour du coin de terre qui vous a vu naître, en faisant surgir partout les bonnes volontés, les talents, les dévouements, les héroïsmes locaux, dont l'addition totale consitute la grandeur d'une Nation.

Si les Iougoslaves ont la sagesse de continuer à se rallier à ce programme, après les terribles épreuves qu'ils traversent à cette heure douloureuse de leur histoire, leur race, — qui sut s'exalter jusqu'à Kossovo il y a plus de cinq cents ans, dans la plus belle littérature et le plus pur sentiment national, dont Raguse récolta vaillamment l'héritage, — reprendra en Europe l'importance à laquelle elle a droit. Créant partout des centres de culture, s'inspirant de la Grande Pensée française qui a émancipé le Monde et a entouré toujours ces Peuples des sympathies les plus intenses, mettant toujours plus en honneur la vie locale, elle s'opposera à la menace d'une agglomération politique monopolisant les trésors de la nation.

La centralisation n'est, lorsqu'on va au fond

des choses, qu'une conception essentiellement militaire. C'est sous la pression des ennemis menaçant les frontières ou l'ambition des souverains qu'elle s'est toujours formée. Elle n'est pas du tout indiquée pour un peuple qui demande, après des siècles de luttes héroïques de réorganiser son territoire et de vivre enfin dans la prospérité et la paix.

Le Monténégro de demain

Avant la guerre balcanique de 1912-13, le Monténégro couvrait une superficie de 9080 km² avec une population de 285,000 habitants.

Son territoire, comme nous l'avons dit, est maintenant de 14,180 km², et avait au début de la Grande Guerre une population totale de 435,000 âmes.

Bien que le pays ne soit pas fortuné, il jouit toutefois d'une certaine aisance et le voyageur qui se rend de Cettigné à Scutari d'Albanie ne peut que regretter que la mauvaise foi insigne de l'Autriche, non combattue par l'Italie, ait empêché les Monténégrins de posséder et d'organiser déjà l'Albanie du Nord, entre le Drin et leur frontière.

Scutari qui s'étale paresseuse sur les rives d'un lac incomparable ne connaît ni les routes, ni les moyens de communication ; le Monténégro au contraire en a d'excellents et un service d'automobile relie Cettigné à Cattaro. Chef-lieu de vilajet, centre de communications, Scutari, avec une population d'environ quarante mille habitants, ignore les rues, les égoûts, l'éclairage.

Cettigné a cinq mille habitants ; ville charmante, propre, éclairée, pourvue de jolies maisons aux teintes claires et de rues verdoyantes dans lesquelles se sont passés ces jours-ci les drames affreux de l'envahissement sauvage des hordes barbares. Les Monténégrins, qui ont évité l'extermination de leur peuple, lorsqu'ils reprendront la direction de leur pays, auront vite fait de civiliser à son tour Scutari et toute la région située au nord du Drin.

Le Monténégro devra être en outre remis en possession du cercle entier de Cattaro, qu'il possédait jadis et constituait son grand port naturel sur l'Adriatique, ainsi que de la baie de Saint-Jean de Medua à l'embouchure du vieux Drin. Dans le Nord une importante rectification de frontière devra lui assurer une meilleure situation stratégique.

L'avenir

Il faut que ce petit pays, qui a su conserver pendant des siècles à l'abri de ses rudes montagnes le flambeau vivant du slavisme méridional, qui n'a pas hésité un instant à se mettre aux côtés de la Serbie dans toutes les guerres récentes et qui, en juillet 1914, se joignit aux Alliés et est en guerre depuis près de quatre ans, puisse prospérer un jour en pleine paix et se livrer à l'agriculture dans ses terres fertiles du Sud afin de ne plus être condamné à se contenter de vivre dans ses montagnes rouges.

L'aigle ne construit-il pas son aire sur les hauteurs et ne descend-il pas dans la plaine pour subvenir à son existence !

Pendant toute la domination turque, puis austro-hongroise, la vie du Monténégrin a été celle de l'aigle, de l'aigle traqué sans cesse aux abords de son aire, mais qui parvint toujours à dépister le chasseur.

Lorsque les Alliés, qui combattent pour la liberté, entraînés par l'âme chevaleresque et puissante de la France, auront brisé à jamais les reins de la hyène turque et du chacal bicéphale austro-hongrois, l'aigle monténégrin pourra rentrer ses serres, changer le fusil contre la charrue, descendre dans la plaine au bord de l'Adriatique.

Il se répandra alors autour de ce merveilleux petit lac de Scutari qui lui appartiendra enfin et qui est tout son rêve. Il jouira de cette liberté qu'il servit en esclave depuis la chute de Belgrade en 1516.

N'était-il pas le gardien du temple, de ce sanctuaire où les Iougoslaves avaient déposé le testament de leur race traquée par le Turc, le Hongrois, le Vénitien ?

Monténégrins glorieux, votre mission guerrière sera alors terminée. Vous êtes appelés à civiliser l'Albanie septentrionale et à coopérer ainsi à la renaissance qui couronnera le grand édifice de l'émancipation des peuples et apportera enfin à cette mer Adriatique, dont les rives ont vu couler tant de sang, l'apaisement et la Paix !

L'Œuvre civilisatrice des Balcans dans l'avenir

La mission des Iougoslaves.

Quelle a été et quelle sera la mission des Iougoslaves dans l'œuvre civilisatrice des Balcans de demain ?

Ce qu'elle a été de la part des Serbes et des Monténégrins, nous l'avons vu, dans la fortune comme dans le malheur, une barrière à l'invasion germano-mongole.

Au nord, ils ont contenu la poussée vers l'est de la Marche orientale ; au levant ils ont lutté sans cesse contre les Madgyars ; au sud, après avoir dominé les Balcans, ils sont restés dans l'Empire Turc l'élément prédestiné qui a brisé le premier la puissance ottomane.

Et on oublierait aujourd'hui qu'ils sont dans le malheur, conséquence de fatalités qui ne seront que passagères, que la Serbie et le Monténégro sont de grands peuples, les plus généreux des Balcans ! Cela n'est pas possible !

Ces peuples, cernés de trois côtés par des ennemis implacables, refoulés de la mer sur le quatrième, qui résistent et ne se rendent pas, sont des peuples de braves.

Ils viennent d'ajouter une nouvelle page au grand Livre d'Or de l'héroïsme des petites

Nations, qui n'en contient aucune de plus admirable !

*

Lorsque le pangermanisme anéanti sur ses deux Marches d'Orient et d'Occident devra renoncer à toute expansion, que les Madgyars, privés de la plupart des populations étrangères à leur sang, qu'ils ont réduite pendant des siècles à un fructueux esclavage, ne pourront plus les madgyariser par la force, pour perpétuer une race sur son déclin, que les Turcs définitivement refoulés en Asie seront mis dans l'incapacité de persécuter les Balcans, en un mot que les Etats esclavagistes qui coupaient en deux l'Europe, de Berlin à Constantinople, seront hors d'état de se relever, il est certain que libérée de toute entrave, cette nationalité vivante des Serbes est prédestinée à un grand avenir.

Si les Alliés ont la sagesse, lorsqu'il s'agira de construire une Europe de Paix, de donner aux Nations Serbes les limites auxquelles elles ont droit, en les laissant organiser librement leurs territoires, leur nature pacifique, leurs institutions profondément démocratiques sont un gage qu'elles ne chercheront jamais à asservir d'autres peuples.

Mais que l'on sache bien que, si sous la pression d'une Diplomatie aveugle qui rechercherait à s'appuyer sur les doctrines factices d'un impérialisme... romain, on continue à leur égard la triste politique de la domination étrangère, même si elle n'est que partielle, les Iougoslaves deviendront une Nation essentiellement guerrière et redoutable.

Dans leur âme nationale ils ont fait le serment de n'abandonner les sentiers de la guerre que le jour où tous les enfants de la grande famille seront libres. de disposer librement de leurs destinées.

Les Slaves du Sud, successivement esclaves des Turcs, des Madgyars, des Germains, sont plus que jamais, à l'heure actuelle, les esclaves de la Grande Idée : la libération de tous leurs frères opprimés.

*

Cette anecdote, rapportée par Victor Berard, l'ami passionné de la sainte cause de la libération des Balcans, démontre mieux que de longs commentaires en quelles paroles sublimes les Serbes savent exprimer une fidélité inébranlable à la cause sacrée de leur liberté.

Le Pope de Radliévo ensevelissait son fils aîné, officier mort au champ d'honneur à la bataille de Koumanovo, en novembre 1912. Du cercueil il retire le sabre, le tend à son fils cadet âgé de 12 ans, et prononce ces paroles :

„Alexa, mon fils, prends et garde cet objet précieux. La Serbie en aura besoin encore, et après la Serbie nous aurons encore des millions de frères à libérer : quand la patrie t'appellera au service de la race, tu suivras l'exemple de ton frère".

Comme le Pope de Radliévo pensent tous les Slaves du Sud.

Tous ont une grande âme mise au service d'une cause plus grande encore.

Et si l'on veut se convaincre de la sève généreuse de cette race, contemplez les sculptures, les peintures de leurs artistes contemporains, des Mestrovic, Rosandic, Racki, Babic, Tomislas Krizman, Jovanovic, Roksandic, Marko Murat, Todorovic, Marinkovic, et vous aurez une idée de la force latente qui bouillonne dans ce peuple dont l'ardeur et l'héroïsme n'ont jamais vieilli !

On ne s'étonne plus alors des prouesses de ce peuple sur les champs de bataille qu'aucun revers n'a jamais découragé, car vaincu aujourd'hui, il sait qu'il sera vainqueur demain.

A-t-on oublié que cette race a donné le jour au plus grand Empereur d'Orient ! Car Justinien, le grand organisateur de la Chrétienté, Justinien le fondateur de Sainte-Sophie, Justinien à qui nous devons la conservation de cette législation précieuse de l'Antiquité, qui permit à l'Europe de s'opposer victorieusement au droit barbare des Germains, était un enfant de la grande famille Iougoslave.

Aujourd'hui la sauvage domination germano-mongole est arrivée à son point culminant, au-delà duquel est l'abîme qui l'engloutira.

Les descendants de Justinien et de Douchan se relèveront alors héroïquement de toute la hauteur de leur grand passé et reprendront leur marche glorieuse sur le chemin de la Civilisation et de la Paix. Ils pourront de nouveau éclairer l'Orient de leurs lumières resplendissantes.

La civilisation ne reposera plus désormais sur la science mise au service dégradant de la conquête brutale et féroce, comme le crurent les Germains et ces Mongols qui détruisirent l'Empire Arabe.

Elle réside dans le développement des hautes vertus morales et religieuses, dans l'emploi de la science dans un but passionné de solidarité humaine et non d'extermination effroyable des hommes.

Un peuple civilisé ne doit recourir à la force que pour se défendre ou châtier un Etat violant les lois sociales, et dont les dirigeants entendent écraser leurs voisins et les transformer en millions de casques à pointe ; mais jamais il n'aura comme idéal final un développement de la force froidement automatique en vue de conquérir par le fer et par le feu des pays qui ne sont pas à lui et d'en exterminer les habitants légitimes.

*

Il est remarquable de relever que depuis la chute de l'Empire romain, les Germains, les Madgyars et les Turcs ont été les seuls en Europe à pratiquer réellement la guerre pour la guerre.

Il était dans la logique de l'histoire de les voir alliés dans la partie finale en entraînant les Bulgares, qui n'ont jamais oublié leurs origines asiatiques. Leur chute n'en paraît que plus nécessaire, les combattre devient par conséquent une Croisade sacrée et les Nations qui ont hésité à se lancer dans la mêlée ne sont que des *Neutres égoïstes*, sans idéal, prédestinés fatalement au point de vue moral à ne plus jouer qu'un rôle effacé dans l'œuvre civilisatrice de demain, qui s'annonce si grande.

L'individu laissant commettre devant ses yeux un assassinat sans s'interposer ou en livrant des armes au meurtrier est son complice. Il est moralement condamné.

Il en est de même pour les Neutres qui ravitaillent moralement et matériellement la Triplice esclavagiste. Une tache indélébile restera attachée aux noms des Chefs qui fourvoyèrent ces Nations ; sur eux la postérité fera peser un jugement impitoyable. Dès maintenant ils sont marqués au fer rouge, car ils ont trahi la Cause Sacrée de la Civilisation, de la Justice et du Droit.

FIN

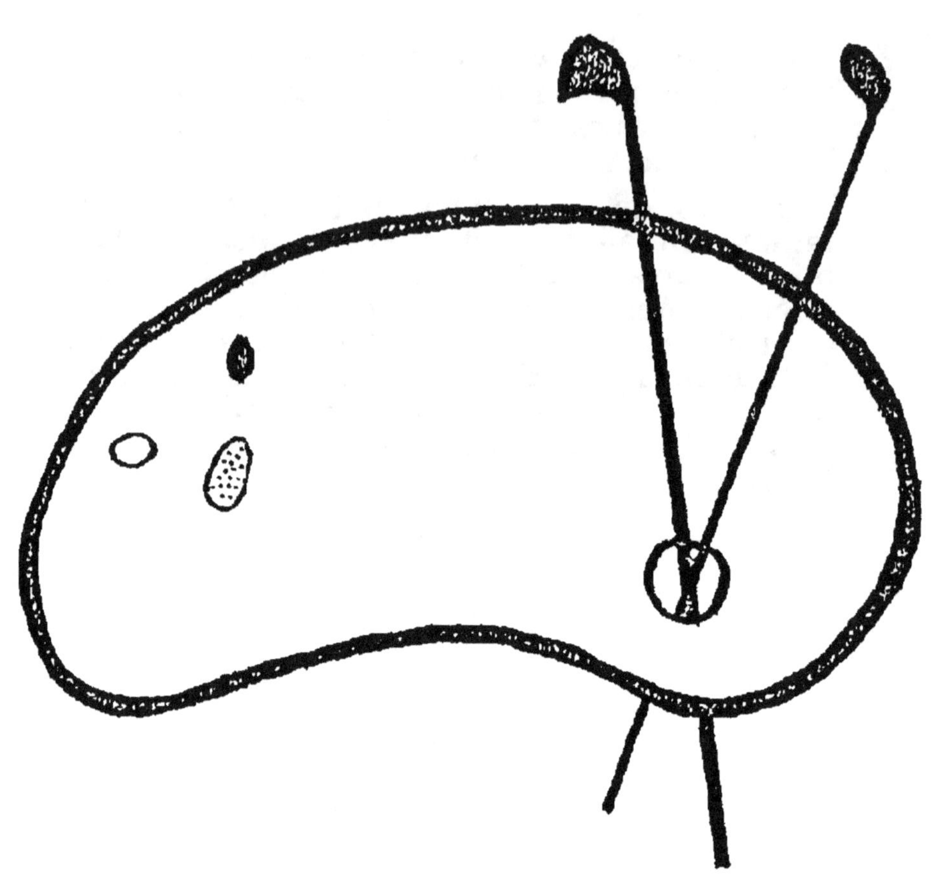

ORIGINAL EN COULEUR
NF Z 43-120-8